Ulrich Kulicke

Typisch Mensch!

Humoristische Gedichte

mit Illustrationen von Viktoria Wagner

Herstellung und Verlag: BoD – Books on Demand, Norderstedt
ISBN: 978-3-7534-6326-1

Stade, im März 2021

Inhaltsverzeichnis

1. Haltungen ... 7
   - Egoisten ... 9
   - Altruisten ... 11
   - Realisten ... 13
2. Denker ... 15
   - Forscher ... 17
   - Intellektuelle ... 19
   - Moralisten ... 21
   - Philosophen ... 23
   - Rationalisten ... 25
   - Visionäre ... 27
3. Querdenker ... 29
   - Anarchisten ... 31
   - Chaoten ... 33
   - Idioten ... 35
   - Populisten ... 37
4. Mutmacher ... 39
   - Anhänglich-Treue ... 41
   - Gutmütige ... 43
   - Optimisten ... 45
   - Philanthropen ... 47
5. Miesmacher ... 49
   - Misanthropen ... 51
   - Pessimisten ... 53
   - Skeptiker ... 55
   - Zyniker ... 57
6. Sehr Aktive ... 59
   - Enthusiasten ... 61
   - Extrovertierte ... 63
   - Praktiker ... 65
   - Pragmatiker ... 67
7. Selbstdarsteller ... 69
   - Individualisten ... 71
   - Eitle ... 73
   - Exzentriker ... 75

- Besserwisser 77
- Snobs 79
8. Schwärmer 81
  - Idealisten 83
  - Romantiker 85
  - Träumer 87
9. Empfindsame 89
  - Sentimentale 91
  - Künstler 93
  - Introvertierte 95
  - Hypochonder 97
10. Unmündige 99
  - Leichtgläubige 101
  - Opportunisten 103
  - Unselbständige 105
  - Wankelmütige 107
11. Lebensarten 109
  - Lebemänner 111
  - Bürokraten 113
  - Perfektionisten 115
12. Temperamente 117
  - Choleriker 119
  - Melancholiker 121
  - Phlegmatiker 123
  - Sanguiniker 125

Angaben zum Autor 127

Typisch Mensch!

Sein Wesen im Licht

von Illustration und Gedicht!

1. Haltungen

Die Haltung zeigt, wie jemand denkt,
wie er sein Handeln steuert, lenkt,
wie er als Wesen funktioniert,
sich öffentlich positioniert.
Die Haltung baut sich langsam auf,
bestimmt sich durch den Lebenslauf.
Denn die Erfahrung, die man macht,
formt den Charakter über Nacht.
So wird man unverwechselbar,
mitunter gar berechenbar,
wird auch als Typus definiert
und regelrecht klassifiziert.
Doch gibt es kaum in der Natur
den Typus in der Reinkultur:
Er gibt nur eine Richtung an,
dass man Verhalten ordnen kann.
Denn jeder Mensch ist generell
hochgradig individuell,
und jede Haltung, die man nennt,
ist schließlich nur sein Exponent!
Nur beispielhaft seien hier genannt
drei Typen, weithin gut bekannt:
der Egoist, der Altruist
und nicht zuletzt der Realist.
Sie offenbaren, wie sie denken,
worauf sie ihren Schwerpunkt lenken,
was für sie zählt, worauf sie blicken,
wie sie zutiefst im Innern ticken.
Ihr Weltbild ist prägnant genormt,
ganz unterschiedlich ausgeformt
und teilweise ganz entsetzlich –
gegensätzlich!

Egoisten

Ein Mensch, der sich im Zentrum sieht,
nur daran denkt, was ihm geschieht,
wie's ihm ergeht, wie's um ihn steht,
der sich beständig um sich dreht
und seinen Vorteil sucht, der ist
so ganz und gar ein Egoist.
Das eigne Schicksal ist zentral,
was ihm passiert fundamental,
und Rücksicht übt er äußerst selten,
weil andere ihm wenig gelten.
Es fehlt ihm auch an Empathie,
er sorgt für sich, für andre nie!
Und wenn ihm etwas nicht behagt –
sei sicher, dass er lauthals klagt.
Dabei betont er sicherlich
in jedem Satz das Wörtchen „ich"!
Das steht nun mal für alle Fälle
bei ihm bestimmt an erster Stelle.
Die Zweisamkeit vermeidet er,
die Partnerschaft, die fällt ihm schwer.
Er ist mithin ein Einzelgänger
und ist als Mensch – ein armer Sänger!

Altruisten

Der Mensch, der völlig selbstlos ist,
der heißt gemeinhin Altruist.
Er ist ein Helfer, ist total
für andre da, er ist sozial
und sieht beim Menschen generell
die Hilfsbedürftigkeit sehr schnell.
Wird er gebraucht, schon ist er da,
ist fürsorglich dem andren nah,
durchdenkt Probleme kreuz und quer,
ist engagiert, nichts ist zu schwer.
Im Habitus ist er bescheiden,
ihm macht es nichts, auch mal zu leiden,
trägt Lasten, ohne je zu klagen,
„Es ist zu viel!" kann er nicht sagen.
Er opfert sich und sieht darin
für sich den wahren Lebenssinn.
Man sieht, die Haltung ist fatal,
so wünschte man ihm manches Mal,
nicht nur den andren zu beschenken,
vielmehr verstärkt an sich zu denken,
ganz egoistisch sich erleben,
nach eignen Zielen hinzustreben.
Doch nennt er seine Ziele dann,
macht er genau das, was er kann:
Denn jedes Ziel ist jedes Mal
mit Sicherheit – total sozial!

Realisten

Der Realist ist nüchtern, sachlich,
akribisch analytisch, fachlich.
Er sieht die Dinge, wie sie sind,
lässt sich nicht täuschen, ist nicht blind.
Sein Blick ist ungetrübt und klar,
er weiß, was falsch ist und was wahr,
und sein Verstand ist nicht verbogen,
denkt kategorisch sachbezogen.
Die Fakten zählen ganz allein,
und was nicht Fakt ist, ist nur Schein.
So neigt der Realist auch nicht
zu Träumerei, verzerrter Sicht.
Er hebt nicht ab und phantasiert,
von Wahnvorstellung infiziert.
Auch liebt er nicht die Grübelei,
von Schwermut ist er gänzlich frei:
Der Realist steht allezeit
zu dem, was ist, zur Wirklichkeit;
und die beschreibt er, nimmt sie hin,
denn das allein macht für ihn Sinn.
So lebt der Realist nicht schlecht:
entschieden, klar und sachgerecht.

2. Denker

Manche Menschen sind geprägt
dadurch, dass sie unentwegt
denken und sich Fragen stellen,
im Diskurs ein Urteil fällen:
logisch, klar, streng abgewogen
und auf diese Welt bezogen.
Sie sind folglich intensiv
grüblerisch und reflexiv,
denken nach, und irgendwann
publizieren sie sodann
das, was sie so sehr bewegt,
geistig stimuliert, erregt.
Sie als kluge Wegbereiter
geben so ihr Wissen weiter.
Forscher, Intellektuelle
seien genannt an dieser Stelle.
Doch es gibt der Geister mehr,
etwa einen Visionär,
Philosophen, Rationalisten
oder auch den Moralisten.
Alle pflegen sie im Leben
Kopfarbeit, und sie erstreben,
ständig neu sich zu besinnen,
um Erkenntnis zu gewinnen.
Mühen scheuen sie so nicht,
bis ihnen aufgeht: Was? Ein Licht!

Forscher

Der Forscher dient der Wissenschaft,
gestützt auf seine Geisteskraft.
Er stellt infrage, was er sieht,
schaut hin genau, wie was geschieht.
Sein Denken ist höchst rational,
schlussfolgern kann er optimal,
und fähig ist er zur Kritik,
zur wissenschaftlichen Replik.
Von Hypothesen angeleitet,
weiß er, wie Forschung weiterschreitet,
wie man Erkenntnis formuliert,
die Thesen prüft, verifiziert.
Als Forscher im Versuchslabor
erzeugt er Wissen, bringt hervor,
wovon die Menschheit prosperiert,
die Allgemeinheit profitiert.
Ob in dem Buch, ob im Gelände –
für's Forschen gibt es nie ein Ende.
Stets stellt der Forscher neue Fragen,
vom Fortschrittsgeist vorangetragen.
Stets will er Wissenslücken schließen,
lässt sich durch Irrtum nicht verdrießen.
Kurzum: Der Forscher ist mithin
für die Gesellschaft ein Gewinn!

Intellektuelle

Ein Mensch, der sehr belesen ist,
der Klugheit einen Wert zumisst,
der nachdenkt über diese Welt
und über sie ein Urteil fällt,
klarsichtig, kategorisiert,
im Geist geschult, hochkultiviert,
gewinnt Erkenntnis sehr reell
und gilt als intellektuell.
Er ist gebildet, hat studiert,
nicht selten hat er promoviert
und sucht für sich auf alle Fälle
als Forscher eine Bildungsstelle,
um dort mit Ernst und allen Sinnen
tiefschürfend Neues zu gewinnen.
Sein Geist ist ständig in Erregung,
in kritisch suchender Bewegung,
will Sachverhalte ganz durchdringen,
um scharfe Analysen ringen
im dialektischen Disput
mit klarem Kopf und Wagemut.
So wird der Fortschritt vorbereitet,
in die Gesellschaft ausgeweitet.
Denn jeder Intellektuelle
ist für die Menschheit eine Quelle
an Wissen, das dem Menschen nützt,
ihn fördert und ihn unterstützt.
Ein Mensch, der seinen Intellekt
so einbringt, ist – perfekt!

Moralisten

Ein Mensch, in dessen Lebensmitte
nur eines steht: die gute Sitte,
der ihr den höchsten Rang zumisst,
der ist und nennt sich Moralist.
Für Anstand tritt er offen ein,
zumeist mit einem Heiligenschein,
und spielt sich auf als Sittenwächter,
als Ethik- und Moral-Verfechter,
der unentwegt die Fahne hebt
zum Zeichen, dass der Anstand lebt.
Er will, dass Menschen sich benehmen,
sich nicht für Zeitgenossen schämen,
ist Gegner der Obszönität,
enthemmter Sexualität.
Er zurrt den Anstandskodex fest,
der jeden höflich werden lässt.
So ist er quasi wie ein ‚Knigge'
für Große, Kleine, Dünne, Dicke,
für alle Menschen dieser Welt,
die erst Moral zusammenhält.
Als Mahner ist er sehr beflissen
und redet jedem ins Gewissen,
der abweicht von der guten Norm,
von der gesetzten Anstandsform.
So unbeirrt und unerbittlich
verfolgt er alles, was unsittlich,
verderbt und unmoralisch ist,
als überzeugter Moralist.

Philosophen

Der Philosoph stets reflektiert
den Menschen, der ihn fasziniert.
Er will sein Wesen tief ergründen
und über ihn die Wahrheit finden:
Was ist im Menschen angelegt?
Was ist die Kraft, die ihn bewegt?
Wie selbstbestimmt ist gar sein Geist?
Wie frei verwirklicht er sich meist?
Ist die Moral ihm mitgegeben
als Leitschnur für sein ganzes Leben?
Was braucht er, dass er gut gedeiht,
wie nimmt er wahr die Wirklichkeit?
Was kann er wissen oder wollen,
wie findet er zu seinen Rollen?
So stellt für alle Lebenslagen
der Philosoph zentrale Fragen,
löst sie für sich und kurz darauf
klärt er die Menschen damit auf.
Von Weisheit ist er so erfüllt,
die er der Menschheit gern enthüllt,
und somit ist er nicht nur Denker,
vielmehr ein lebenskluger Lenker,
ein guter Geist, der ungetrübt
den Menschen tiefe Einsicht gibt:
zeitüberdauernd, allgemein
fürs menschlich ewige Sosein.
Ein Philosoph von dem Format
erteilt somit Lebensrat
und trägt für jeden, einerlei,
zu dessen Selbsterkenntnis bei.

Rationalisten

Wer von Vernunft geleitet ist,
gilt allgemein als Rationalist.
Sein Kopf bestimmt das, was er macht,
und seine Handlung ist durchdacht.
Er sieht die Dinge klipp und klar,
trennt messerscharf unwahr von wahr
und nutzt für sich in allen Fällen
in seinem Hirn die grauen Zellen.
Wer rational ist, ist besonnen,
berechnend klug und nicht versponnen.
Denn sein Verstand, der dominiert,
hat ihn als Menschen okkupiert,
wägt ab, was machbar ist, was nicht,
besieht sich jeden Fall bei Licht
und handelt stets qualifiziert,
sachkompetent, selbstkontrolliert.
Er wirkt leicht distanziert und kühl
mit unterdrücktem Bauchgefühl,
intelligent und sprachgewandt,
nachdenklich, kritisch, angespannt,
und seine Sprache ist geschliffen,
klar und verständlich in Begriffen.
Der Rationalist hilft zu verstehen,
ist fähig, Wichtiges zu sehen,
durchschaut die Welt in ihrem Sein,
nicht irritiert durch falschen Schein.
Er weiß Bescheid und kann im Leben
beraten, stützen, Hilfe geben.
Und darin liegt sein wahrer Wert –
für diese Welt ja nicht verkehrt!

Visionäre

Ein Mensch, der sich bei Tag, bei Nacht
den Kopf zerbricht, Gedanken macht
und sich als Wesen dieser Welt
beständig Zukunftsfragen stellt,
entwickelt so mit Leidenschaft
und schöpferischer Geisteskraft
modellhaft, wie die Welt sein sollte,
wie er, der Visionär, sie wollte.
Er will Gesellschaften in Ländern
dort, wo Probleme sind, verändern,
sagt Unterdrückung, Not und Leid,
der Ungerechtigkeit weltweit
den Kampf an, will sie überwinden
und eine neue Welt erfinden,
die besser ist und Hoffnung macht,
Gesellschaftskräfte neu entfacht.
Weil er den Missstand so sehr hasst,
wird er zum Utopist, Phantast,
lockt so die Menschen, die Millionen,
mit seinen Zukunftsillusionen,
gibt Ausdruck seinen Idealen,
versteht dabei, sie auszumalen,
und gibt so Ziele immerhin
für einen neuen Lebenssinn.
So kann der Visionär die Massen
mit dem Ideenentwurf erfassen,
tritt in Erscheinung ganz konkret
in seinem Land als ein Prophet.
Doch dieser gilt nach letztem Stand
meist nichts im eignen Vaterland,
und darum hat es ziemlich schwer,
wo immer auch, der Visionär.

3. Querdenker

Jeder Mensch will sich entfalten,
will sein Leben selbst gestalten,
unterwirft sich einer Norm
für die eigene Lebensform.
Selbstbestimmt in seiner Wahl
folgt er einem Ideal,
das er für sich passend hält,
ihn begeistert, ihm gefällt.
Wenn's gelingt und er es kann,
lebt er selbstverwirklicht dann,
unabhängig, frei im Geist,
autonom, zufrieden meist.
Doch erscheinen zur Genüge
auch skurrile Wesenszüge.
Denn so mancher Mensch gewinnt
eine Art, als ob der spinnt,
sich abnorm, frivol verhält,
scheinbar aus der Rolle fällt.
Anarchisten und Chaoten,
landläufig auch die Idioten
seien genannt an dieser Stelle
als eher seltenere Fälle.
Auch im Denken grob Verirrte,
wie politisch stark Verwirrte,
spiegeln die Abnormität,
die für ihre Haltung steht.
So im Ansehen insgesamt
sind sie wenig anerkannt,
gelten mehr als Außenseiter,
als absurd-abstruse Streiter,
die, so wie sie sich gebärden,
andere fast schon gefährden.
Wer so handelt, zeigt geschwind
sich als eigensinnig, blind,
dem man kaum Vertrauen schenkt,
weil er radikal querdenkt.

Anarchisten

Ein Mensch, der jede Ordnung hasst,
der sich an kein System anpasst,
der jede Hierarchie vermeidet,
weil unter ihr der Mensch nur leidet,
der will die Freiheit generell
als Anarchist, als ein Rebell.
Die Herrschaft, wo sie evident,
bekämpft er immer konsequent,
indem er sich ihr widersetzt
und gegen sie scharfzüngig hetzt.
Doch will er sich nicht nur empören,
er will sie innerlich zerstören,
die Ordnung aus den Angeln heben,
um völlig selbstbestimmt zu leben.
Sein Kampf, obwohl so radikal,
erscheint aus seiner Sicht legal,
weil er in seinem Freiheitslied
sich auf das Menschenrecht bezieht.
Das duldet nicht, dass man es engt,
den Menschen in die Ordnung zwängt!
Er will sich höchstens selbst verwalten,
um sich persönlich zu entfalten.
Mit dieser Haltung, die so kritisch
geäußert wird, ist er politisch.
Er fürchtet nicht den Straßenkampf,
er demonstriert mit Pulverdampf,
bekämpft dabei auch Ordnungskräfte
und schleudert Steine in Geschäfte.
Enthemmt ist er, totalitär,
blindwütig, revolutionär
und wird als radikaler Streiter
gesellschaftlich zum Außenseiter.
Der Rechtssinn ist bei ihm abhanden:
So bleibt er häufig unverstanden
und findet selten oder nie
bei andren Menschen Sympathie.

Chaoten

Wer sich in seiner Lebenswelt
bewusst an keine Ordnung hält
und diese meidet wie die Pest,
weil sie ihn tierisch plagt und stresst,
der ist erkennbar ein Chaot,
das Laisser-faire ist sein Gebot.
Er handelt gern intuitiv,
agiert spontan und instinktiv
und möchte bei dem Motto bleiben:
Lass dich bequem durchs Leben treiben.
Verwende keine Energie,
kein Quäntchen deiner Phantasie,
um deinen Tag zu strukturieren,
nach Plan und Ziel zu operieren,
in deinen eigenen vier Wänden
das Durcheinander zu beenden
und dich dafür zu interessieren,
die Briefe, Schreiben zu sortieren.
Kurzum: Lass alles, wie es ist!
Denn Ordnung halten ist nur Mist.
Sie ist so lästig wie ein Kropf,
belastet nur den eignen Kopf,
sitzt drückend, lästig dir im Nacken,
mahnt ständig dich, nun anzupacken,
dir Aktenordner anzulegen
und sie mit Sachverstand zu pflegen.
Das alles kostet sehr viel Zeit,
raubt Lebenslust und Heiterkeit,
die Leichtigkeit des Seins schlechthin!
Das alles mache keinen Sinn,
denkt der Chaot, und ungelogen
macht er um Ordnung einen Bogen,
steckt sie gezielt sich an den Hut –
und lebt deshalb entspannt und gut!
Wer das nicht kann, muss wirklich leiden
und ist mithin nicht zu beneiden,
weil er im Stillen immer stöhnt

und sich ans Chaos nicht gewöhnt.
Der lebt sodann und allemal
als ein Chaot suboptimal.

* * *

Idioten

Der Idiot ist zu bedauern,
er lebt in geistig engen Mauern,
erkennt den Zustand dieser Welt
nur so weit, wie es ihm gefällt.
Denn sein Gehirn ist eingeengt,
in seiner Leistung eingeschränkt.
Er plappert ständig vor sich hin
gedankenblind, mit wenig Sinn,
so oberflächlich, seicht – kurzum:
Man merkt sofort: Der Mensch ist dumm
und unsensibel für die Wahrheit,
für Logik, Redlichkeit und Klarheit.
Er schafft nach eigenem Ermessen
dabei auch ,Fake News' unterdessen,
vertritt sie trotz der Wahrheitsbeugung
nach außen hin mit Überzeugung,
blindwütig und mit Vehemenz
bei fehlender Intelligenz.
Normalerweise lebt er so
in der Gemeinschaft irgendwo,
geschützt, betreut und gut behütet,
weil er Verrücktheiten ausbrütet.
Doch bleibt einmal in einem Land
ein Idiot noch unerkannt,
weil er so tut, er meint es ehrlich,
ist das brisant und hochgefährlich.
Er trumpft dann auf, scheinbar gerissen,
willkürlich, ohne ein Gewissen.
Verführerisch als falscher Sänger
agiert er dann als Rattenfänger.
Und vehement, voll Zorn und Wut,
bricht aus ihm die Gedankenflut:
sprunghaft, irrlichternd, ungezähmt
und ungehobelt, unverschämt.
So stürzt erkennbar ein Idiot
ein Land, ein Volk in große Not.
Doch kann man hoffen: Möge gelten

ein solcher Fall als äußerst selten!
Wenn er passiert, dann kann's geschehen,
dass Land und Leute untergehen.
Ein Mittel gibt es nur dagegen:
Man muss ihm schnell das Handwerk legen!

* * *

Populisten

Der Populist ist Volksversteher,
in Wahrheit aber Kopfverdreher.
Als Redner publiziert er sich,
macht seine Worte öffentlich,
indem er Dinge reduziert,
Komplexität simplifiziert,
sodass der dümmste Geist versteht,
worum es in der Sache geht.
So wendet an der Populist
die allbekannte Menschenlist:
Er provoziert durch platte Sätze,
er nutzt sie aus für üble Hetze,
er macht aus jedem X ein U
und spitzt die Dinge fälschlich zu.
Er zeigt sich überheblich klug
und spricht verquast nur von Betrug.
Wer's hören will, der applaudiert
und jubiliert ganz ungeniert.
Denn endlich spricht hier einer offen,
nennt Ross und Reiter, macht betroffen
und hat verkürzt und separat
die Lösung des Problems parat.
Wer einen Populisten hört
und kritisch ist, der ist empört.
Der sollte keine Zeit verlieren,
ihn augenblicklich demaskieren,
ihn konfrontier'n in aller Klarheit
mit der sublim-komplexen Wahrheit.
Denn Populisten sind entbehrlich,
als Demagogen gar gefährlich:
Sie wiegen dich in Sicherheit
und wissen selber nicht Bescheid.
Man sollte sie gar nicht beachten,
vielleicht sogar zum Mond verfrachten
als Freiflug, gratis – oder gern
bis hin zu einem fernen Stern.

4. Mutmacher

Menschen als soziale Wesen
sind auf andere angewiesen,
brauchen Halt und sicheren Grund,
zwischenmenschlich im Verbund:
Denn gelebte Menschlichkeit
braucht ein jeder allezeit.
Anerkennung, Zuspruch eben,
die Bestätigung im Leben.
Bindungen sind generell
sehr bedeutsam, essentiell,
machen Menschen willensstark,
widerständig und autark.
Manche Menschen schaffen prima
ein ermutigendes Klima
dadurch, dass sie stärken, nützen,
bei Problemen andere stützen,
offen, rückhaltlos und ehrlich.
Und das macht sie unentbehrlich.
Optimistisch, wie sie sind,
geben sie viel Rückenwind,
sind gutgläubig, stark und treu,
zugewandt und ohne Scheu.
Wer so handelt, wer so denkt,
anderen Vertrauen schenkt,
kann Gefühle stark entfachen,
kann beflügeln und – Mut machen!

Anhänglich-Treue

Wer fest zu einem Menschen steht,
mit ihm durchs ganze Leben geht
und nicht von seiner Seite rückt,
sich bei Problemen nicht verdrückt,
sie standhaft meistert ohne Scheu,
der ist anhänglich, der ist treu.
Die feste Bindung gilt ihm viel,
sie ist für ihn das höchste Ziel.
Denn nur in fester Partnerschaft
gewinnt er seine Lebenskraft,
und zwei, die so verbunden sind,
verleih'n sich starken Rückenwind.
Wer treu ist, gibt, ob jung, ob alt,
dem andren einen festen Halt
und zeigt, man könne ihm vertrauen,
auf seine Unterstützung bauen.
Gradlinig ist er und integer,
ein ehrlicher Gemeinschaftspfleger.
Denn kommt es mal im Leben schlimmer,
ist er verlässlich und hilft immer
und sucht in solchem Krisenfall
nach einer Lösung überall.
Er steht zum Partner unumwunden,
mit ihm für immer fest verbunden,
so unzertrennlich, felsenfest,
weil nichts den Treuen zweifeln lässt.
Er ist ein Freund, ein Kamerad,
er wandelt auf dem Treuepfad
und liebt für sich und alle Zeit
das Leben in Gemeinsamkeit.

Gutmütige

Ein Mensch, der immer Gutes denkt,
die Welt mit Freundlichkeit beschenkt,
dem Mitmensch' Anerkennung zollt,
ihn respektiert, nicht mit ihm grollt,
der stoisch ist in seiner Art,
der ist gutmütig und apart.
Er ist von Gleichmut ganz durchdrungen,
hat jedes Hassgefühl bezwungen,
ist jedermann so gut gesinnt,
dass er viel Sympathie gewinnt.
Denn immer ist er hilfsbereit,
hat für die Menschen sehr viel Zeit,
nimmt niemals irgendetwas krumm,
ist äußerst nachsichtig darum.
Er kann auch leicht in seinem Leben
den Fehler anderer vergeben
und trägt ihn nie und nimmer nach,
erzürnt sich nicht, macht keinen Krach.
Doch kommt es vor, dass er sehr brav,
gutmütig ist so wie ein Schaf
und alles hinnimmt unbewegt
und wirklich alles still erträgt,
dann wirkt er wehr- und willenlos,
ein Dummkopf, Narr, das scheint er bloß,
lässt würdelos sich viel gefallen,
unfähig, mal die Faust zu ballen.
Den Selbstschutz bräuchte er dann sehr,
die Kraft zumal zur Gegenwehr,
wenn man ihn ausnutzt und entehrt,
weil man von seiner Nachsicht zehrt.
Das rechte Maß wär daher gut,
Gutmütigkeit braucht eben Mut,
vor allem kommt die Herzensgüte
bei ihr besonders gut zur Blüte.

Optimisten

Der Optimist ist gut gestimmt,
er ist auf Zuversicht getrimmt,
und Zweifel prallen an ihm ab,
er wird nicht müde, macht nicht schlapp.
Er lässt sich nicht den Schneid abkaufen,
nimmt Einfluss, dass die Dinge laufen,
und ist aktiv und resolut,
packt die Probleme an mit Mut.
Er kennt sein Ziel, weiß um den Zweck,
er steckt auch Misserfolge weg
und motiviert sich immer neu,
vor Fremdem hat er keine Scheu,
beeinflusst andre positiv,
gewinnt durch Lächeln instinktiv.
Er ist erfüllt für alle Zeit
von Frohsinn und von Heiterkeit,
von Gleichmut, und so widersteht
er jeder Depressivität.
Der Optimist ist zu beneiden,
denn er muss äußerst wenig leiden.
Er ist ein Glücksfall der Natur,
geht seinen Weg, bleibt in der Spur:
Der Optimist ist optimal
und zweifelsfrei die erste Wahl!

Philanthropen

Als Menschenfreund verdient ein Lob
der sogenannte Philanthrop.
Er ist kein Sünder, Erbsenzähler,
sucht nicht im anderen den Fehler,
gehört nicht zu den Neunmalklugen,
reißt diese Welt nicht aus den Fugen.
Denn für ihn gelten Maß und Mitte,
Verstand, Vernunft und gute Sitte.
Er ist ein Mensch, kein Bürokrat,
die Herzenswärme sein Format!
Er wirkt durch sich, ist sehr verlässlich,
ist offen, ehrlich, nicht vergesslich.
Er steht in seiner Lebenszeit
als guter Engel stets bereit,
verwirklicht seinen Lebensplan:
Sei andren Menschen zugetan!
Drum gibt er ihnen gerne Rat,
hilft, falls gefragt, mit guter Tat,
ist aufmerksam bei Nöten, Sorgen,
ein Kummer bleibt ihm kaum verborgen:
Er ist hellwach für andre da,
steht ihnen bei, ist ihnen nah.
Sein Ausdruck ist verständnisvoll,
nachsichtig, freundlich, ohne Groll.
Weil er für Frieden, Freundschaft glüht,
ist er um Ausgleich stets bemüht
und moderiert und schlichtet Streit,
wirkt mäßigend zu jeder Zeit.
Gerechtigkeit liegt ihm am Herzen,
er hat Humor, er liebt zu scherzen.
Die Fairness ist von früher Jugend
für ihn notwendig eine Tugend.
Er ist auch klug, hat Phantasie,
vor allem hat er Empathie
und ist grundsätzlich interessiert,
was seinen Mitmenschen passiert.
Und weil er andren so viel gibt,

genießt er Ansehen, ist beliebt,
denn was ihn prägt, ist immerhin
eindeutig der Gemeinschaftssinn.

5. Miesmacher

Der Mensch bewertet, was er sieht,
beurteilt, was mit ihm geschieht.
Er fühlt genau, ob ihm was passt,
was ihm gefällt und was er hasst.
Er reagiert mithin sensibel
auf jedes Glück, auf jedes Übel
und neigt dazu, zu offenbaren,
was er so denkt, in Kommentaren.
Die reifen in ihm unwillkürlich,
sie sind als Reaktion natürlich,
spontan, direkt, assoziiert,
noch ungeordnet, unzensiert,
bis er schlussendlich es dann wagt
und offen seine Meinung sagt.
Die ist gefiltert dann, geschönt,
dass sie durch Schroffheit nicht verhöhnt,
nicht einen anderen zuletzt
beleidigt, kränkt oder verletzt.
Doch manchem Menschen fällt dies schwer,
er redet rücksichtslos, vulgär.
Er stänkert, geißelt, lamentiert,
spuckt bittere Töne ungeniert,
verbreitet sich als Querulant,
unfreundlich, grob, intolerant.
Die Menschen, die so rüde sprechen,
die mit den Anstandsregeln brechen,
haben offenbar in vielen Jahren
viel Bitteres am Leib erfahren,
Enttäuschungen und Niederlagen,
die sie belasten und sie plagen.
Sie suchen daher ein Ventil,
Frust abzubauen ist ihr Ziel,
und ihre Haltung, ihre Art
ist gnadenlos verstörend, hart.
Wer öffentlich sich so geriert,
ist oft im Leben isoliert

und wird von vielen ganz entschieden
in seiner Unerträglichkeit gemieden.

* * *

Misanthropen

Der Misanthrop ist Einzelgänger,
bei Licht besehen, ein armer Sänger.
Er meidet Menschen konsequent,
bekämpft sie eher vehement
und findet Grund, sie gar zu hassen,
weil sie zu ihm wohl niemals passen.
So ist er meist, was nicht erstaunt,
vom Groll erfüllt und missgelaunt.
Auch beim Kontakt geht immer schneller
die Stimmung bei ihm in den Keller,
beeinflusst ihn so negativ
und macht ihn hörbar aggressiv.
So wird er schnell zum Außenseiter,
beim Wortgefecht zu einem Streiter
und ist im Umgang unbequem,
selbstsüchtig, eklig, schroff zudem.
Mit dieser Art, die ihm gefällt,
zeigt er, was er von andren hält.
Die Haltung wirkt auf ihn zurück
und deprimiert ihn Stück für Stück,
denn seine Seele, so gefangen,
kann nie das rechte Glück empfangen.
Sie hungert nach Geborgenheit
und leidet unter Einsamkeit.
Doch scheint's: Er ist sich selbst genug
und merkt nicht seinen Selbstbetrug,
lebt abgekapselt, isoliert,
an anderen nicht interessiert,
und ohne dass er es selbst weiß,
bewegt er sich im Teufelskreis
und kann ihn leider nicht durchbrechen.
So bleibt ihm nichts, als sich zu rächen,
ist misanthropisch, übel, böse,
speit Galle aus als Wortgetöse
und gibt so ab für alle Zeit
ein Bild von großer Garstigkeit.

Pessimisten

Der Pessimist hat es sehr schwer,
hat niemals Glück, nur Pech hat er.
Wie er sein Schicksal dreht und wendet,
er weiß, dass es meist tragisch endet.
Er ahnt, wenn er mal spekuliert,
dass er ja sowieso verliert,
und alles kommt, wie's kommen muss,
am Ende bleibt ihm der Verdruss,
noch schlechter wird es, als er denkt,
das Herz bedrückt, der Blick gesenkt.
Ist die Erwartung negativ,
läuft die Entwicklung meistens schief.
Denn was man düster prophezeit,
erfüllt sich und wird Wirklichkeit.
Der Pessimist steckt, wie man weiß,
so ausweglos im Teufelskreis
mit einer Haltung felsenfest,
die sich wohl kaum durchbrechen lässt.
Ein Wunder müsste schon geschehen,
um diese Haltung umzudrehen.
So änderte sich schnell sein Sinn
beim Lottospiel mit Hauptgewinn!
Doch spielen in der Lotterie
die Pessimisten leider nie.
Und deshalb lebt sich's allemal
als Pessimist suboptimal.

Skeptiker

Der Skeptiker bezweifelt alles,
erkennt nichts an im Fall des Falles,
ist nicht bereit, sich festzulegen,
lehnt alles ab, hält stets dagegen
und kann Vertrauen niemals schenken,
denn ihn erfüllen nur Bedenken.
Und diesen kann er nicht entrinnen!
Drum traut er nicht den eignen Sinnen,
sie täuschen ihn, vermitteln nicht
ihm eine objektive Sicht.
Die ist getrübt, verzerrt, nicht klar,
nur perspektivisch und nicht wahr.
So argwöhnt er, blickt intensiv
in jeden Einzelfall sehr tief,
misstraut grundsätzlich allem Neuen
und ist geneigt zurückzuscheuen.
Er ist auf Widerspruch gebürstet,
nach dem er sucht, nach dem ihn dürstet,
und forscht akribisch und bizarr
in jeder Suppe nach dem Haar.
Er ist das Eichmaß für den Fehler,
ein gnadenloser Erbsenzähler
für alles, was nicht geht und passt,
was er aus tiefstem Herzen hasst.
So kritisiert er aus Prinzip!
Die Gegenrede ist ihm lieb.
Drum wird er auch zumeist bekannt
als Nörgler, Hemmschuh, Querulant,
vollmundiger Bedenkenträger,
als übler Ärgernis-Erreger
und kann mithin auch jedem rauben
die Hoffnung auf den Fortschrittsglauben.
So hat der Skeptiker es schwer,
denn was er meint, ist stets konträr!

Zyniker

Ein Mensch, der andre dadurch stutzt,
dass er die eigne Wortmacht nutzt,
und empathielos, ungerührt
ein scharfes Wort im Munde führt,
der andere verächtlich macht,
der spöttisch ist und hämisch lacht,
der ist vom Wesen ziemlich klar
ein Zyniker mit Haut und Haar.
Die Worte, die er spricht, verletzen,
sie können so wie Säure ätzen.
denn wertzuschätzen ist ihm fremd,
der Spott aus ihm kommt ungehemmt,
ist beißend, geißelnd, wenig schön,
oft ungefiltert, grob, obszön
und fließt in Form von Worttiraden,
sodass sie einem andren schaden.
So, glaubt er, schafft er sich direkt
viel Anerkennung und Respekt –
ein Trugschluss, dem er unterliegt,
weil der Zynismus nie obsiegt.
Denn fehlt jedwedes Mitgefühl,
ist ein Verhältnis immer kühl
und zielt mithin so voll und ganz
auf großen Abstand, auf Distanz.
So ist er, was ihm meist passiert,
als Mensch auch ziemlich isoliert
und baut mit Worten keine Brücken:
Sie sind eher unbrauchbare Krücken.
Zynismus – so gesehen – ist schließlich
wenig erbaulich und ersprießlich.

6. Sehr Aktive

Ein jeder Mensch – ein Leben lang –
spürt in sich einen Handlungsdrang,
ist während seiner Lebenszeit
gestalterisch aktionsbereit
und sucht durch die Betätigung
persönliche Bestätigung.
Er will was tun, er will sich regen,
packt an, setzt um, will was bewegen.
Er schmiedet Pläne, setzt sich Ziele,
ist offen für Gedankenspiele.
Denn eines gilt: Im Leben dreht
sich alles um Aktivität.
Sie ist Bedingung für das Streben
nach Sicherheit und Überleben,
erschafft zudem in der Natur
die großen Werke der Kultur,
die radikal die Welt verwandeln,
weil Menschen wirksam in ihr handeln.
Doch dabei unterscheiden sich
die Menschenwesen sicherlich:
Vier Typen lassen sich benennen,
nachfolgend knapp skizziert erkennen:
Der eine Typ ist so begeistert,
ist hell entflammt, wenn er was meistert.
Ein andrer ist sehr ungestüm
und drängt sich vor, ist mutig, kühn.
Ein dritter ist praktisch-patent,
agiert geschickt und kompetent.
Ein vierter will unkompliziert
Probleme lösen sehr versiert,
will dabei schnell sein Ziel erreichen,
setzt auf Erfolg als klares Zeichen.
Sie alle lieben Initiative
und gelten so als sehr Aktive.

Enthusiasten

Ein Mensch, der schnell sich sehr begeistert,
so freudvoll, schwungvoll alles meistert,
der innerlich auch förmlich glüht,
Gedanken und Ideen versprüht,
hingegen Träg- und Lahmheit hasst,
nennt sich zurecht Enthusiast.
Er kann sich wahrlich engagieren,
lässt sich hochgradig stimulieren
und ist als Mensch so insgesamt
geistig entzündet und entflammt
und zeigt dabei viel Energie,
befeuert seine Phantasie,
ist angeregt, bewegt, und ständig
sind Gestik, Mimik sehr lebendig.
Er ist kein Zweifler, Skeptiker,
macht sich das Leben selbst nicht schwer,
ist nicht gefangen in Usancen,
sieht vielmehr eher Lebenschancen:
An ihnen ist er interessiert,
er brennt für sie, ist fasziniert,
riskiert bisweilen Kopf und Kragen:
Er ist bereit, etwas zu wagen!
Denn so begeistert, wie er ist,
nutzt er für sich die Lebensfrist,
mit Freude andre anzustecken,
sie anzustacheln, aufzuwecken.
Das macht er gern und ohne Rast,
sonst wäre er kein Enthusiast!

Extrovertierte

Der Mensch, der sich nach vorne drängt,
mit Tatkraft das Geschehen lenkt,
der sich in Abenteuer stürzt,
durch Wagnis gern sein Leben würzt
und sich hervorhebt, exponiert,
ist regelrecht extrovertiert.
Er äußert sich ganz ungeschminkt,
wenn ihm etwas zum Himmel stinkt,
und redet keinem nach dem Mund,
gibt seine Meinung offen kund,
vertritt sie stark und mit dem Willen,
sich seinen Rededurst zu stillen.
Er bringt sich ein, ist klar im Ton,
schätzt so die rege Diskussion,
kann sich auch richtig echauffieren
und weiß, sich selbst zu inszenieren.
Er ist im Leben ein Akteur,
ein Macher, aber kein Voyeur,
zeigt Flagge gern bekennerhaft
und bringt sich ein mit Leidenschaft.
Man weiß, woran man bei ihm ist,
er handelt nicht mit Hinterlist,
ist dominant, er meint es ehrlich
und hält sich selbst für unentbehrlich.
Er sprüht mithin vor Energie,
vor Lebenslust und Phantasie,
mit der er, innerlich begeistert,
Probleme angeht und sie meistert.
Extrovertierte haben Schwung
und wirken deshalb ewig jung.

Praktiker

Der Praktiker ist sehr geschickt,
der nüchtern auf Probleme blickt,
die einer Lösung widerstehen –
was ihm gelingt im Handumdrehen!
Dazu braucht er nur Phantasie,
Intuition, nicht Theorie,
nicht Texte aus gelehrten Bänden:
Er handelt schlicht mit seinen Händen,
die ihm als Instrument genügen
und über Griffigkeit verfügen.
Er werkelt vielfach einfach los,
probiert was aus und testet bloß,
prüft hier, prüft da. – Was ist noch schlecht?
Was ist vielleicht nicht zielgerecht?
So kommt er Schritt für Schritt voran
und optimiert, wo er nur kann,
ist kritisch wägend, sehr patent,
in seinem Tun sehr kompetent,
was ihn am Ende dazu bringt,
dass ihm die Arbeit gut gelingt.
Geschickt hat er natürlich auch
das rechte Werkzeug im Gebrauch,
das er geübt, gekonnt einsetzt
und so, dass er sich nicht verletzt.
Der Praktiker kann drum im Leben
wirksam gezielte Hilfe geben.
Er ist total unkompliziert,
an rascher Lösung interessiert,
zupackend, unkonventionell
und wirkungsvoll, originell.
Ein solcher Mensch ist damit faktisch
umwerfend nützlich: einfach praktisch!

Pragmatiker

Ein Mensch, der nüchtern, sachlich denkt,
mit kühlem Kopf das Leben lenkt,
sich nicht verrennt in unbequemen
Problemen, die das Leben lähmen,
bestimmt sein Wirken sehr sympathisch
durch ein Prinzip: Er ist pragmatisch!
Er sucht die Lösung, sucht das Ziel,
von Machbarkeit hält er sehr viel,
agiert flexibel, schnell und wendig,
argumentiert dabei lebendig
und setzt sogleich in der Erregung
auch alle Hebel in Bewegung.
Er will was machen, will was tun,
aktiv sein will er, will nicht ruh'n,
solange die Probleme drücken,
er will der Lösung näher rücken!
Und dabei steh'n ihm im Gesicht
die Tatkraft und die Zuversicht.
Sie treiben ihn, sie spornen an,
verleihen Schwung, der helfen kann
und ihn phänomenal-subtil
verlässlich trägt bis hin zum Ziel.
Das zählt allein, das ist ihm wichtig,
Kritik daran erscheint ihm nichtig.
Denn stets lässt sich das Leben wandeln
nur durch ein konsequentes Handeln.
Für dieses Denken tritt er ein,
zweckmäßig, nüchtern will er sein,
ist resolut, zielorientiert,
zupackend auch, extrovertiert,
auf jeden Fall mit sehr viel Mut,
erkennbar auch mit Herzensblut –
kurzum: Sein Handeln ist mithin
für die Gesellschaft ein Gewinn!

7. Selbstdarsteller

Der Mensch gestaltet sich sein Leben
durch eigenes Wirken, eigenes Streben,
müht redlich sich mithin auf Erden,
um letztlich anerkannt zu werden.
Er braucht den Zuspruch, der ihn stützt,
ein Feedback, das ihm wirklich nützt,
ein gutes Wort von Zeit zu Zeit
in fairer Unbefangenheit,
damit sein Ich sich gut entfaltet,
nicht Schaden nimmt oder sich spaltet.
Er braucht ein Klima des Gedeihens,
der Rücksichtnahme, des Verzeihens,
das konstruktiv und regelhaft
ihm Klarheit über sich verschafft,
das Grenzen setzt, Kritik auch übt,
wenn es zu tadeln etwas gibt.
Dies alles trägt, das wird er merken,
dann dazu bei, sein Ich zu stärken,
robust zu werden, widerständig
und innerlich zutiefst lebendig.
Die Ich-Entwicklung ist indes
ein lebenslanger Lernprozess.
Sie folgt nicht akkuraten Normen,
nicht festen, klaren Umgangsformen
und kann mitunter deshalb führen
zu ungewollten Staralllüren,
zu einer Ich-Bezogenheit
mit übertrieb'ner Eitelkeit.
Ein solches Ich ist sehr bizarr.
Die Umwelt nimmt es oftmals wahr,
wenn Menschen Schrill-Skurriles wagen,
Absurd-Abstruses etwa sagen,
geltungsbedürftig daran hängen,
sich in den Vordergrund zu drängen.
Ein solcher Mensch fühlt innerlich
Bedeutsamkeit in seinem Ich,
bespiegelt sich und ist erpicht

beständig auf das Rampenlicht.
Er ist geneigt in allen Fällen,
sich als ‚besonders' darzustellen.
Wer sich im Leben, im Geschehen
so zeigt, ist kaum zu übersehen.

* * *

Individualisten

Der Individualist lebt allgemein
exzeptionell – so will er sein.
Sein Ziel ist einzigartig, klar:
Sei immer unverwechselbar,
sei ungewöhnlich produktiv,
im Outfit auch mal exzessiv,
heb dich hervor aus breiter Masse,
betone deine eigne Klasse,
sei kreativ-originär,
denk eigenwillig, quer, konträr
und demonstriere deinen Stil
als ganz persönliches Profil.
Der Individualist will frei entscheiden,
will feste Bindungen vermeiden.
Sein Geist braucht Selbstbestimmung pur,
sucht eine autonome Spur,
will sich entfesseln, sich entzücken,
durch seine Eigenart beglücken
und drückt auf seinen Lebenslauf
den ganz besonderen Stempel drauf.
Sein Auftritt ist gekonnt, markant.
Man nimmt ihn wahr als ‚interessant‘,
Inspiration für jedermann!
Und weil die ja bereichern kann,
sind solche Menschen unentbehrlich –
ehrlich!!

Eitle

Der Eitle will das Leben nutzen,
um sich zu stylen, sich zu putzen.
Er ist aufs Äußere bedacht,
besonders tags, doch auch bei Nacht.
Er hat den Spiegel stets dabei
und observiert sein Konterfei
von vorne, hinten, von der Seite,
in ganzer Länge, voller Breite:
Ist die Frisur gekämmt mit Chic?,
prüft er genau mit strengem Blick.
Ist das Gesicht auch faltenlos?
Der Teint gepudert und famos?
Sind Hose, Hemd und Seidenschlips
auch passend zu den Ohrenclips?
Die Kleidung fesch und dampfgebügelt,
der ganze Mensch so recht geschniegelt,
das Outfit smart und krisenfest,
was keine Wünsche offen lässt?
Zudem ist seine Attitüde
leicht affektiert, galant, nicht müde.
Er ist sich seiner selbst bewusst,
genießt sein Ausseh'n voller Lust
und steht auch gern im Rampenlicht,
auf Geltung ist er sehr erpicht.
Er ist narzisstisch angehaucht:
Ob seine Seele das wohl braucht?

Exzentriker

Ein Mensch, der sich in dieser Welt
an keine Norm und Vorschrift hält,
der geistig äußerst angeregt
grenzüberschreitend sich bewegt,
unangepasst, intelligent,
gemeinhin gegen jeden Trend,
wird prominent, wird schnell bekannt
und wird Exzentriker genannt.
Weil er so ungewöhnlich ist,
gilt er als ein Nonkonformist,
ist nicht daran interessiert,
wie diese Welt so funktioniert.
Er will Probleme überwinden,
will neue Lösungen erfinden,
folgt dabei einem inneren Zwang,
dem eignen unstillbaren Drang,
die Welt zu revolutionieren
und sich dabei zu exponieren.
Querdenkend ist er immer nur
Exzeptionellem auf der Spur.
Erfinder ist er, ein Entdecker,
ein Neugestalter, ein Erwecker,
der ungeahnte Wege geht,
der Angepasstheit widersteht,
mit Schöpferkraft und obsessiv
Ideen entfaltet kreativ.
Als Mensch erscheint er faszinierend,
begeisternd wirkt er, inspirierend.
Er ist von sich zutiefst beglückt,
von seiner Wesensart entzückt
und schwimmt, weil er es will und kann,
stets gegen jeden Mainstream an.
Sein Naturell ist höchst apart,
von ungewöhnlich feiner Art,
sodass man durch Jahrhunderte
so manchen gar bewunderte:

Exzentriker sind allemal
in höchstem Maße genial!
* * *

Besserwisser

Ein Mensch, der alles besser weiß,
egal aus welchem Wissenskreis,
der ungefragt sagt, was er denkt,
sich in den Vordergrund vordrängt
und andere Menschen stets belehrt,
sich nicht um deren Meinung schert,
ist unerträglich penetrant
als Besserwisser gut bekannt.
So oberlehrerhaft ist er,
er weiß auch alles und viel mehr
und spielt sich auf, er macht sich wichtig,
denn er allein weiß alles richtig.
Er sieht genau Zusammenhänge,
was anderen wohl kaum gelänge,
gebärdet sich so eminent
scheinbar gebildet, kompetent,
und gibt mit seinem Wissen an.
Aufdringlich zeigt er, was er kann,
und plustert sich als eitler Gockel
auf seinem selbst gebauten Sockel
blasiert und überheblich kühl,
vor allem ohne Taktgefühl.
Ein Wichtigtuer ist er bloß,
ist egoistisch, rücksichtslos,
um den man einen Bogen macht,
den man auch hinterrücks verlacht
und den man kritisch-vehement
Klugscheißer nennt!

Snobs

Der Snob tritt auf so arrogant,
blasiert, hochnäsig, überspannt,
ist eingebildet, überheblich
weil er ja glaubt, er sei angeblich
so edel, genial, brillant,
in der Erscheinung so markant.
Drum ist sein Gestus elitär
und zeigt, dass er was Bessres wär,
ist so gekünstelt, abgehoben,
so unerträglich selbstbezogen.
Er schwebt dahin in höchsten Sphären,
will ständig seinen Glanz vermehren,
umgibt sich nur mit seinesgleichen,
die wesensgleich ihn noch erreichen
und sich gebärden, sich verhalten
wie selbstverblendete Gestalten.
Verliebt ist er in seine Art,
er hält sich selbst für supersmart,
für kultiviert, intelligent,
weil er so kluge Sprüche kennt,
die er von oben fallen lässt
ganz nebenbei beim Gala Fest.
So wirkt der Snob wie ein Galan,
nichtsnutzig wie ein Scharlatan,
trägt hoch die Nase und die Stirn,
gekleidet nur im feinsten Zwirn
und hebt sich ab und sucht so ganz
zu Zeitgenossen die Distanz.
Gleichwohl sucht sich der Snob die Clique,
steht dort im Fokus vieler Blicke
und kokettiert mit sich bewusst
so dünkelhaft und voller Lust:
Ein Egozentriker wie er
hat's in normalen Kreisen schwer
und wird zumeist und selbstverschuldet
als Außenseiter nur geduldet.

8. Schwärmer

Die Menschen, die so gerne schwärmen,
sich an Gedanken innig wärmen,
die stehen im Zeichen der Magie,
der grenzenlosen Phantasie.
Sie nehmen wahr, empfinden tief,
fühlen ihren Pulsschlag intensiv
und lassen schwelgerisch sich führen
von den Gefühlen, die sie spüren.
Mitunter sind sie Träumer nur,
erleben so die Sehnsucht pur.
Sie können auch romantisch sein,
so seelenvoll und sinnig fein.
Und vielen ist danach zumute:
Sie glauben in der Welt ans Gute
und fangen an, sie auszumalen
als eine Welt von Idealen.
Ihr Innenleben ist bewegt,
ist impulsiv und angeregt,
gefühlsstark, sinnig, nuanciert,
am Wohlergehen interessiert.
Wer schwärmerisch ist, kann dem Leben
gedankenschwere Tiefe geben,
romantisiert, verträumt auch mal,
mal suchend nach dem Ideal:
Davon erfüllt, sieht er darin
für sich den wahren Lebenssinn.

Idealisten

Der Mensch, der an das Gute glaubt,
ans Ideelle überhaupt,
der den Ideen verpflichtet ist,
ist voll und ganz ein Idealist.
Er lebt in einer eignen Welt,
malt sie sich aus, wie's ihm gefällt,
will die Gesellschaft wirksam wandeln
und zielgerichtet in ihr handeln.
So prallt er auf die Wirklichkeit,
erkennt Missstände weit und breit,
sieht schonungslos den Ist-Zustand,
die Welt im dürftigen Gewand,
so widersprüchlich, intrigant,
so aggressiv, intolerant.
All das weckt seinen Impetus,
lässt reifen in ihm den Entschluss:
Die Welt soll eine bessre werden,
er will das Paradies auf Erden
und projiziert mit Phantasie
ein Bild der Welt in Harmonie.
Doch wie er wirkt und wie er schafft,
wie er agiert mit Leidenschaft,
er stößt an Grenzen. Irgendwie
verwirklichen Ideen sich nie.
Sie bleiben oft als Luftschloss stehen,
sind zeitabhängig und vergehen.
Das ist das Leid des Idealisten.
Manch einer wird zum Pessimisten.
Dem Schicksal widersteht er dann,
wenn er pragmatisch werden kann,
geduldig Ziele anvisiert
und seine Hoffnung nie verliert.
Kühn inspiriert und geistig rege
bahnt er als Leitstern neue Wege.
So wirkt der Idealist enorm,
gibt Ziele vor für die Reform,

bringt die Gesellschaft sichtbar weiter –
ein unschätzbarer Wegbereiter!

* * *

Romantiker

Ein Mensch, der sich empfindsam zeigt,
der zur Gefühlsbetontheit neigt
und diese liebt, ist überschwänglich
fürs Stimmungsvolle sehr empfänglich.
Er ist romantisch angehaucht,
von feinem Sinn, wie er es braucht,
sucht die Behaglichkeit im Zimmer,
am liebsten gar bei Kerzenschimmer,
liebt auch naturhafte Idylle,
in Wäldern, Feldern ihre Stille,
und mehr noch sucht er allezeit
für sich gezielt die Zweisamkeit,
sodass er notfalls ungefragt
auch zärtliche Avancen wagt.
Er nähert sich in feiner Art
dem andren an, authentisch, smart,
macht ihm den Hof vor allen Dingen,
weiß werbend sich so einzubringen
und spricht, wie es im Buche steht,
ein Kompliment beim Tête-à-Tête,
ein liebes Wort, das dazu führt,
dass es das Herz zutiefst berührt.
Romantiker als Liebessänger
sind einfühlsame Seelenfänger
und schätzen so die intensive
gefühlsbetonte Offensive.
Sie kümmern sich, gefühlvoll, warm,
mal schwärmerisch, mal mit viel Charme,
und bringen auch direkt ins Haus
als ein Geschenk den Blumenstrauß,
verstehen, kurz gesagt, sehr viel
von Anstand, Großmut, gutem Stil.
Sie leben sinnig unbeschwert
und als Romantiker verehrt.

Träumer

Er ist ein Mensch der Phantasie,
der Bilderflut und der Magie.
Sein Geist lässt sich zu allen Zeiten
von Assoziationen leiten,
so schwelgerisch und faszinierend,
verführerisch und inspirierend.
Er träumt und kann sich kaum erwehren
der Bildermacht aus höheren Sphären,
die ihn erfüllt, die ihn verzückt,
die ihn der Wirklichkeit entrückt.
So neigt er nicht zum Tatendrang,
nimmt Pflichten wahr als einen Zwang,
als Alltagslast, die ihn bedrängt,
ihn wie in einen Kerker zwängt,
der ihm, der so die Freiheit liebt,
kaum Raum für Träumereien gibt.
Der Träumer wirkt die meiste Zeit
verloren in der Wirklichkeit,
malt sich beim Träumen seine Welt
buntfarben aus, wie's ihm gefällt.
Realitätsfern, wie er ist,
treibt er dahin, dass er vergisst,
aktiv zu sein, sich zu bewähren,
mit andren Menschen zu verkehren,
sich aus der Nische vorzuwagen
und ein Projekt voranzutragen.
So ist das Träumen eine Sucht,
ist Ausdruck einer Lebensflucht,
und deshalb kann man nur empfehlen,
sie nicht als Lebensform zu wählen.

9. Empfindsame

So mancher Mensch ist zartbesaitet,
was ihm so manchen Schmerz bereitet.
Denn eines gilt und findet statt:
Nicht alles läuft im Leben glatt!
Mal hakt es hier, mal hakt es da,
mal ärgert man sich, was geschah,
denn schließlich kann man kaum verbannen
die zwei Geschwister: Pech und Pannen.
Sie treten unerwartet auf
wohl fast in jedem Lebenslauf.
Entschlossen muss man reagieren,
muss handeln und nicht lamentieren.
Sensible tun sich vielfach schwer,
ihn'n fehlt die Kraft zur Gegenwehr.
Sie nehmen alles sich zu Herzen,
empfinden in sich wahre Schmerzen
und spüren tief in sich hinein,
erfühlen jede Seelenpein.
Sie sind besorgt, berührt, betroffen,
für Klagen aller Art weit offen,
und eines zeigen sie sehr viel:
ein ausgeprägtes Mitgefühl!
Das wendet sich von Zeit zu Zeit
bei manchem gar in Selbstmitleid:
Das ist die negative Seite
für allzu stark Gefühlsbereite!
Doch gibt es auch das Gegenstück:
Gefühlsstark sein ist auch ein Glück,
weil diese Menschen vieles spüren,
sie lassen sich vom Leid berühren
und sind nachhaltig und hinlänglich
fürs Krisenhafte stark empfänglich.
Sie sind auch künstlerisch oft rege,
beschreiten mutig neue Wege,
hingebungsvoll, mit Leidenschaft
und ausgeprägter Ausdruckskraft.
Empfindsamkeit in dieser Welt

ist – kurz gesagt – ein weites Feld:
Facettenreich, so wie ein Buch,
ist sie mal Segen und mal Fluch!
* * *

Sentimentale

Der Mensch ist nicht nur rational,
zugleich ist er emotional.
Bisweilen kann es gar passieren,
dass die Gefühle dominieren.
Ein solcher Mensch ist dann total
gefühlsbetont, sentimental,
auch innerlich zutiefst gerührt,
sodass er seinen Herzschlag spürt,
in sich hineinhört, still erlauscht,
wie's Blut durch seine Adern rauscht.
So schwelgt er sehnsuchtsvoll und mehr,
fühlt seine Leidenschaft dann sehr,
und mancher steigert sich hinein,
kann durchaus überdreht mal sein,
durchs Stimmungshafte stimuliert,
mal überreizt, mal resigniert.
Doch sind die Menschen solcher Art
hypersensibel, sinnig, zart
und können auch aus ihrem Leben
sehr einfühlsamen Ratschlag geben.
Dann sind sie Engel in der Not,
das Mitgefühl ist ihr Gebot.
Sie lassen Herzenswärme spüren
und können aus dem Elend führen.
Ein solcher Mensch mit Emotionen
kann andere Menschen reich belohnen.
Denn sie verstehen zu erbauen
und schenken eines: Selbstvertrauen!

Künstler

Ein Mensch, der sich der Kunst hingibt,
von ihr erfüllt ist und sie liebt,
sein Leben nutzt, sein Leben weiht,
um ihr zu dienen allezeit,
der ist ein Künstler und versteht
sich allumfassend als Ästhet.
Als solcher ist er sehr sensorisch,
empfindsam, schwelgerisch, euphorisch
und kann der Kunst viel abgewinnen,
fixiert auf sie mit allen Sinnen.
Er ist hochgradig produktiv,
gestaltet Werke kreativ,
verdeutlicht seine Leidenschaft
für Kunst durch seine Schaffenskraft.
Wer Kunst betreibt, braucht Kunstverstand,
sonst wäre sie nicht anerkannt,
und deshalb wird sich's immer lohnen
das Künstlerische zu betonen,
das Neue, Revolutionäre,
das in dem Werk zu sehen wäre.
Wer anerkannt ist, ragt schon bald
heraus als eine Lichtgestalt,
und jeder zollt den neuen Werken
Respekt und lobt die Stärken.
So hat der Künstler im Visier
stets Kunst als Lebenselixier.
Er ist entrückt von der Natur,
begeistert sich an der Kultur,
erfährt mit jedem Augenblick
persönlich höchstes Lebensglück
und kann mit seiner Kunst daneben
auch andren Menschen Freude geben.

Introvertierte

Ein Mensch, der großen Trubel meidet,
in großen Gruppen eher leidet,
der sich zurückzieht, für sich lebt,
den Bühnenauftritt nicht erstrebt,
sucht liebend gern sich die Idylle,
den Rückzugsraum mit seiner Stille:
Er ist als Mensch introvertiert
und ganz und gar auf sich fixiert.
Er läuft im Leben unverhohlen
am liebsten gern auf leisen Sohlen,
bleibt unsichtbar und unerkannt,
wird öffentlich auch kaum genannt.
Er akzeptiert für sich durchaus
den Status einer stillen Maus
und sitzt daher und zu dem Zwecke
am liebsten in der ruhigen Ecke,
beobachtet – und kaum gesehen –
zurückgezogen das Geschehen.
Er geht auch gern durch weite Felder,
durch die Natur, durch grüne Wälder,
braucht die Erholung allgemein
und liebt mithin, allein zu sein.
Gespräche führt er eher leise
im überschaubar kleinen Kreise,
nachdenklich dabei, reflektiert
und an Erkenntnis interessiert.
Wer so lebt, so in sich gekehrt,
lebt überwiegend unbeschwert,
entfaltet seinen Eigensinn
für sich persönlich mit Gewinn.
Denn er braucht stets und allezeit
für sich gewiss Geborgenheit.

Hypochonder

Der Hypochonder leidet Not.
Er fürchtet nichts mehr als den Tod
und ist besorgt, er könnte sterben,
er könnte krank und kranker werden,
die Abwehrkräfte seien schwach
und gäben jeder Krankheit nach,
dass er schon bald durch sie direkt
ins Siechtum fällt und dann verreckt.
Die Sorge treibt ihn wahrlich um,
er achtet auf sich selbst darum
akribisch, gründlich und penibel,
erwartet stets das größte Übel,
das ihn befällt, das in ihn dringt,
sodass er mit dem Tode ringt.
Der kleinste Schmerz signalisiert
unweigerlich, dass was passiert.
Er horcht deshalb in sich hinein,
ermittelt so die Körperpein,
betastet sich mit Fingerspitzen,
fragt sich, wo mag der Schmerz wohl sitzen,
und spürt, sobald er auch noch wimmert,
wie sich sein Schmerzzustand verschlimmert.
So ist er ständig alarmiert,
durch Angstattacken deprimiert,
stirbt tausend Tode und noch mehr
und macht sich selbst das Leben schwer.
Er ist bei Ärzten permanent,
ist dauerhaft dort als Patient,
befragt auch Doktor Google immer,
doch der macht alles noch viel schlimmer.
So leiden Hypochonder ständig
und sind mehr scheintot als lebendig.

10. Unmündige

Der Mensch entwickelt – Gott sei Dank –
sich sukzessive lebenslang.
Nach der Geburt noch hilflos, schwach,
entfaltet er sich nach und nach:
Er wächst allmählich, reift heran,
reift hin zur Frau, reift hin zum Mann,
und wie der Körper so erblüht,
ist er zugleich darum bemüht,
die Geisteskräfte aufzubauen,
der Selbstentfaltung zu vertrauen,
grundlegend Wissen zu erwerben,
um klug, intelligent zu werden.
So folgt dem körperlichen Reifen
die Bildung, kurzum: Weltbegreifen.
Wenn dieses glückt, ist er gewandt,
ist aufgeklärt und hat Verstand,
ist autonom, sodass er dann
sich selbst ein Urteil bilden kann,
das er vertritt mit Leidenschaft,
mit Mut, mit Überzeugungskraft.
Wer mündig ist, sagt, was er denkt,
ist meinungsstark und kompetent,
wortmächtig, ehrlich, couragiert,
weltläufig offen, engagiert.
Doch mancher zaudert, urteilt nicht,
sieht selbst sich nur als kleines Licht,
bemüht sich nicht, sich zu besinnen,
um einen Standpunkt zu gewinnen.
Er hat sich damit selbst betrogen,
den Schritt zur Reife nicht vollzogen.
Ihm fehlt in der Persönlichkeit
die Kraft zur Diskussion, zum Streit,
zur Auseinandersetzung eben,
Krisenbewältigung im Leben.
Ein solcher Mensch gleicht einem Kind,
schwankt daher wie ein Rohr im Wind.

Leichtgläubige

Der Mensch, der wirklich alles glaubt,
der eignen Urteilskraft nicht traut,
nichts kritisch sieht, nichts hinterfragt,
an dem der Zweifel niemals nagt,
denkt oberflächlich, denkt nicht tief,
der ist leichtgläubig und naiv.
Für bare Münze nimmt er alles,
was er so hört im Fall des Falles,
weil er nicht selber reflektiert,
am Sachverhalt kaum interessiert.
So hat für ihn als kleines Licht
selbst großer Unsinn noch Gewicht,
denn er ist geistig waffenlos,
schluckt jede Pille, jeden Kloß,
und müht sich stets, ihn zu zerkauen,
bereit, auch alles zu verdauen.
Sein Wissen ist sehr reduziert,
weil nichts ihn wirklich inspiriert,
er nicht für irgendetwas brennt,
das er studiert und das er kennt.
Ein Mensch wie er wird leicht gelenkt,
weil er ja allem Glauben schenkt.
Er folgt daher auch unverhohlen
nur losen Sprüchen und Parolen,
erkennt nicht die Verführungskraft,
die Manipulationen schafft.
Wer so leichthin durchs Leben geht,
konturenlos für gar nichts steht,
der ist als kümmerliches Licht
im Leben nur ein Leichtgewicht.

Opportunisten

Ein Mensch, der oberflächlich denkt,
sich nicht ins Geistige versenkt,
der launenhaft spontan agiert,
für nichts sich wirklich interessiert
und ohne festen Standpunkt ist,
der nennt sich kurz „Opportunist".
Er folgt dem ,Mainstream' unterdessen,
auf nichts erpicht, auf nichts versessen,
und lächelt ausdrucksarm und gütig,
kaschiert so, dass er wankelmütig
nur das vertritt, was jedermann
nach außen hin vertreten kann.
Er richtet sich so nach dem Wind,
ist angepasst, entschlusslos, blind,
vermeidet jede Führerschaft,
denn die erfordert von ihm Kraft.
Er treibt nur mit konturenlos,
als Ja-Sager erscheint er bloß,
stellt sich nicht auf zum kühnen Streit,
ist nicht zur Diskussion bereit.
Er schwimmt nur mit in großer Masse,
profil- und stillos, ohne Klasse,
sucht so in seinem Lebenslauf
nur die gedeckte Stellung auf.
Denn streitbar eine Meinung sagen
befördert nur sein Unbehagen,
und somit taucht er schwach und schlapp
ins Meer der Meinungslosen ab.

Unselbständige

Ein Mensch, der sich auf andre stützt,
sich anlehnt, weil ihm dieses nützt,
der fremdbestimmt lebt, angepasst,
sich unterordnet, Denken hasst,
zu allem „Ja" und „Amen" sagt,
nicht rebelliert und niemals klagt,
ist unselbständig und zumeist
erfüllt vom Untertanengeist.
Er traut sich nichts, wirkt willenlos,
entspricht den Wünschen andrer bloß.
Sein Ausdruck ist fassadenhaft,
nichtssagend, ohne Leidenschaft,
von Emotionen scheinbar frei:
Er ist als Anhang nur dabei!
So lebt er still zurückgezogen,
macht um Konflikte einen Bogen,
blickt still ergeben, demutsvoll,
er tut genau das, was er soll,
ist folgsam, bieder und bescheiden
und will Verantwortung vermeiden.
Sein Selbstwert ist herabgesetzt –
im Grunde ist er tief verletzt,
durch Zweifel, Angst neurotisiert,
gelähmt, gehemmt, traumatisiert.
Er bräuchte Hilfe sehr direkt,
die seine Seele neu erweckt
und ihn erfüllt mit Lebensmut –
das wäre für ihn wirklich gut.

Wankelmütige

Ein Mensch, der in der Meinung wankt
und dessen Standpunkt ständig schwankt,
der sich nicht profilieren mag,
die Ansicht ändert Tag für Tag,
ist wankelmütig, wechselhaft,
sodass er keine Klarheit schafft.
Mal sagt er dies, mal sagt er das:
Er widerspricht sich oft sehr krass!
Für nichts kann er sich klar entscheiden,
will jede Festlegung vermeiden
und pendelt ständig hin und her:
Beliebig ist er, Laisser-faire!
Die Willenskraft ist in ihm schwach,
er denkt nur wenig und kaum nach,
kann sich für nichts echt interessieren,
sich darum nicht positionieren,
er schwankt so wie ein Rohr im Wind
und handelt eher gedankenblind.
Der Zufall führt bei ihm Regie,
wie's kommt, so kommt es irgendwie,
und deshalb ist er oft vergesslich,
gedankenlos und nicht verlässlich.
Er zögert, zaudert, ist verzagt,
weil er nicht mutig ist, nichts wagt,
nicht leidenschaftlich kämpft und fightet,
für nichts und keine Ziele streitet:
Vor all dem ständig auf der Hut
kennt er nur eins: den Wankelmut!

11. Lebensarten

Der Mensch entwickelt sich beständig,
formt sich als Wesen sehr lebendig,
wird durch Erfahrung, Bildung klug,
prägt so seinen Charakterzug.
Denn wie man lebt und leben mag,
was man betreibt so jeden Tag,
worauf man Wert legt immer wieder,
das schlägt im Leben sich dann nieder
und spiegelt sich in Handlungsweisen,
der Art, wie die Gedanken kreisen,
wie man sein Leben selbst genormt
zur Selbstzufriedenheit ‚performt'.
So bilden sich Besonderheiten
im Leben aus, spezielle Seiten,
die die Persönlichkeit fest prägen
und stimmig so ein Bild ergeben
davon, wie jemand handelt, denkt,
worauf er seine Blicke lenkt,
wohin er zielt, wonach er strebt,
was für ihn zählt und wie er lebt.
Das Typbedingte wird erkennbar,
wird manifest und ist benennbar:
So legt der *Lebemann* drauf Wert,
lebt Tag für Tag sehr unbeschwert,
pflegt den Genuss in vollen Zügen
und will beständig sich vergnügen.
Der *Bürokrat* indes entschlossen
verwaltet Akten unverdrossen,
ist technokratisch disponiert,
am Listenführen interessiert.
Perfektionisten schließlich wollen
es besser machen, als sie sollen,
sind überkritisch, und die meisten
versuchen ständig, mehr zu leisten.
Mithin sind Typen äußerst smart
geprägt durch ihre Lebensart.

Lebemann

Ein Mensch, der jeden Tag genießt,
das gute Leben sich erschließt,
der sich von jeder Last entbindet,
mit Spürsinn Lustbetontes findet
und es versteht, dass es sich fügt
und er sich intensiv vergnügt,
der nutzt die eigne Lebensfrist
als Lebemann, als Hedonist.
So weiß er sich den Tag zu krönen,
kann dem Genuss von Herzen frönen,
liebt als Lukull das gute Essen,
ist auf den edlen Wein versessen
und ist so durch und durch per se
mit jeder Faser ein Gourmet.
So isst er nicht, nein, er diniert,
das Essen wird ihm zelebriert
reichhaltig und in vielen Gängen
mit sehr viel Zeit und ohne Drängen.
Weil nur das Exquisite zählt,
hat er ein Restaurant gewählt,
das nicht mit Stil und Service geizt,
als Wellnessort zum Bleiben reizt,
um sich bequem zurückzulehnen,
die Zeit beim Speisen auszudehnen.
Er liebt Gespräche, liebt die Feste,
versammelt um sich viele Gäste,
beherrscht die leichte Plauderei
und steuert gerne Witze bei,
kann so vergnügt mit allen Sinnen
dem Leben vieles abgewinnen.
Genussmensch ist der Lebemann –
und wirklich schlimm ist nichts daran!

Bürokraten

Ein Mensch, der sich an Regeln hält,
dem jeder Ordnungssinn gefällt,
die Vorschrift achtet, respektiert,
an ihrer Geltung interessiert,
sie anerkennt als ein Primat,
der ist so ganz ein Bürokrat.
Er handelt nicht aus freien Stücken,
ist hilflos bei Gesetzeslücken.
Denn rigoros und ohne Scheu
ist er extrem gesetzestreu.
Er hält sich dran, was man ihm sagt,
auch ohne dass er's hinterfragt,
wirkt, ganz egal auch, wie und wo,
als ein Erfüllungshilfe so,
der zuverlässig und ergeben
den Dienst erfüllt in seinem Leben.
Die Vorschrift steht auf alle Fälle
in seinem Tun an erster Stelle,
verleiht ihm damit jederzeit
im Zweifelsfall die Sicherheit,
und deshalb weiß er sehr konkret,
was in den Paragraphen steht.
Die kennt er in- und auch auswendig,
die liest er intensiv und ständig
und wird so früher oder später
zum sogenannten Schreibtischtäter.
Buchhalterisch, gewissenhaft
setzt er sich ein mit ganzer Kraft,
akribisch Listen zu verwalten,
die Regelwerke einzuhalten –
er liebt sein Tun und sieht darin
für sich den wahren Lebenssinn.

Perfektionisten

Die Menschen, die so übertrieben
ein Höchstmaß an Vollendung lieben,
die jede Arbeit, die sie machten,
mit Argusaugen scharf betrachten,
den kleinsten Fehler schon beklagen,
ihn offenkundig nicht ertragen,
sind permanent und unentwegt
perfektionistisch angelegt.
So handeln sie zumeist extrem,
sind überkritisch, unbequem,
korrekt, genau, gewissenhaft,
von pingeliger Leidenschaft,
die eifrig immer nur bezweckt:
Wenn du was machst, dann mach's perfekt!
Das Maß der Dinge muss es sein,
das Anspruchsvollste allgemein,
denn das entspricht genau dem Willen,
den Hunger nach Respekt zu stillen,
nach Lob, nach Anerkennung, Ehre,
die anders nicht erreichbar wäre.
Perfektionisten müssen leiden
und sind darum nicht zu beneiden,
denn sie sind stets darauf versessen,
die eignen Leistungen zu messen.
Das Beste ist noch gerade recht,
wird's nicht erreicht, geht's ihnen schlecht,
weil ihnen Mängel nicht behagen,
weil diese an dem Selbstwert nagen,
Versagensängste sie begleiten,
erlittene Minderwertigkeiten.
Drum werden diese passioniert
mit großem Eifer kompensiert,
zwar unbewusst, doch vehement
und unnachsichtig konsequent.
Wer diese Haltung pflegt, der zeigt,
dass er zur Zwangsneurose neigt.

Am besten hilft da irgendwie
wohl eine Psychotherapie!

12. Temperamente

Ein jeder Mensch, wie man ihn kennt,
hat ein gewisses Temperament,
das wirksam ist in seinem Leben
für Art und Weise, sich zu geben,
ist einzigartig und bizarr,
prägnant und unverwechselbar.
Bestimmend für die Ausdruckskräfte
sind wohl die inn'ren Lebenssäfte:
der Schleim, die gelbe, schwarze Galle
und auch das Blut in diesem Falle.
Wie sie verteilt sind, das ist wichtig,
bestimmt das Temperament dann richtig:
Herrscht Ausgewogenheit so nicht,
ergibt sich auch kein Gleichgewicht.
Der Mensch wird dann vielleicht phlegmatisch,
wird quälend langsam, kaum sympathisch.
Ein andrer wird cholerisch, heftig,
in seiner Ausdruckskraft sehr deftig.
Ein Dritter neigt zur Schwermut hin,
verliert mithin den Lebenssinn.
Ein Vierter mag so übertrieben
die Heiterkeit, den Frohsinn lieben.
Das Temperament ist leicht erkennbar
und ist begrifflich gut benennbar.
Doch ein Typ sticht indes hervor,
das ist ein Mensch mit viel Humor:
Er lebt vergnügt, ist ausgeglichen,
von keinem üblen Sinn beschlichen.
Denn seine Säfte, fein gestylt,
sind in ihm richtig gut verteilt.
Der Zustand wäre wünschenswert
und macht das Leben unbeschwert.

Choleriker

Hysterisch, unbeherrscht ist er:
Gemeint ist der Choleriker.
Ihm fehlt es an der Selbstkontrolle,
er fällt darum oft aus der Rolle,
vergreift im Ton sich eklatant,
denn was er sagt, wirkt degoutant
und gipfelt oft in Schimpftiraden,
im Wortgefecht, in Kanonaden.
Jähzornig ist er auf der Stelle,
kocht innerlich auf alle Fälle
und schnell bei einem Widerwort.
Die Reaktion kommt dann sofort,
ist hitzig, heftig, überspannt,
von Wutgefühlen übermannt.
Er fiebert heiß in solchem Falle
und spuckt dann nur noch Gift und Galle.
Die Wahrheit ist bei ihm verzerrt,
der Zugang zur Vernunft versperrt.
So lässt er Dampf ab, schimpft drauf los,
bläst auf die Backen, macht sich groß,
gerät dabei in große Hitze,
die Augen rollen, schießen Blitze.
Der Wortschwall, der ihn dann beflügelt,
ist übertrieben, ungezügelt.
Er ist erregt, man kann schon sagen:
Er redet sich um Kopf und Kragen,
verliert vor allem die Balance,
das Gleichgewicht, die Contenance.
Ein solcher Heißsporn will partout
auch Recht behalten immerzu
und wird mithin ein Opfer nur
der ihm gegebenen Natur.

Melancholiker

Der Melancholiker verzagt,
weil ihn der Weltschmerz ständig plagt.
Von Schwermut ist erfüllt sein Blut,
er lebt gedämpft, ihm fehlt der Mut,
und Trübsinn liegt ihm auf der Seele,
wie zugeschnürt ist seine Kehle.
Das Atmen fällt ihm sichtlich schwer,
die Augen blicken seelenleer.
So harrt er aus, vermisst das Glück,
zieht sich ins Schneckenhaus zurück
und kann nur deprimiert da hocken:
Nichts kann ihn reizen oder locken.
Er sucht nur das gedämpfte Licht,
macht alles nur aus purer Pflicht
und kommt nur selten zum Entschluss,
denn in ihm stockt der Lebensfluss.
Wer sich so resigniert erlebt,
so ohne Schwung nach vorne strebt
und um sich aufbaut hohe Mauern,
der ist als Mensch nur zu bedauern.
Als kümmerlicher Trauerkloß
fühlt er sich so bedeutungslos.
Nichts ist bei ihm im rechten Lot.
Er hat nur eines: Seelennot.
Wer melancholisch ist, muss leiden,
mag sich schon gar nicht farbig kleiden.
Er trägt viel lieber schwarze Sachen,
ihm ist auch nie so recht zum Lachen.
Er fügt sich, nimmt sein Schicksal an,
weil er es doch nicht ändern kann,
und kommt somit, wie er wohl weiß,
kaum raus aus diesem Teufelskreis.

Phlegmatiker

Behäbig, langsam, schwer und träge
ist der Phlegmatiker zuwege.
Er meidet stets Aktivität,
sitzt lieber da, als dass er geht.
Doch wenn er wirklich sich bewegt,
wenn sich sein Körper endlich regt,
ist alles an ihm schneckenhaft,
so ohne Schwung und ohne Kraft.
Sein Antrieb lahmt, ist reduziert,
weil nichts ihn drängt und nichts pressiert.
Er lebt so in den Tag hinein,
trinkt statt des Wassers lieber Wein,
bevorzugt deshalb ohnehin
Bequemlichkeit als Lustgewinn,
den er persönlich ungeniert
für sich im Leben reklamiert.
So spiegelt sich sein Lebenswille
auch deutlich in der Leibesfülle,
weil, gut gelebt und kaum bewegt,
sich im Gewicht dann niederschlägt.
Das ist ihm recht, weil es ihm nützt,
den Plan vom Leben unterstützt,
gemächlich alles anzugehen,
behutsam nur am Rad zu drehen.
Sein Denken läuft in ruhigen Bahnen
und liebt vor allem langes Planen.
Drum zögert er, erfüllt vom Bangen,
mit einer Arbeit anzufangen.
Er lässt sie vorerst lieber ruh'n:
Grund gibt es immer, nichts zu tun.
Er schiebt sie daher vor sich her:
„Kommt Zeit, kommt Rat" – den Spruch pflegt er.

Sanguiniker

Lebendig sind sie und meist heiter –
Sanguiniker sind keine Streiter.
Sie lieben die Geselligkeit,
sind stets zum Dialog bereit,
sie wollen wissen, was passiert,
sind wissbegierig, int'ressiert
und lieben auch die Diskussion,
die Sprachkultur, den guten Ton.
Sie strahlen Lebensfreude aus,
empfangen Gäste gern im Haus
und halten darum stets und ständig
Kontakte in die Welt lebendig.
Der Optimismus prägt sie sehr,
voll Zuversicht sind sie daher,
ihr Umgangston ist sorglos, locker,
sie twittern gern, sind wahre Blogger.
Bisweilen übertreiben sie,
entwickeln zu viel Phantasie,
entfalten sich zu exaltiert,
vom Leichtsinn dazu inspiriert.
Dann schäumt es auf, ihr Temperament,
als wenn ein Feuer darin brennt,
und ihr Elan kennt auch kein Maß,
sie wollen eins nur: sehr viel Spaß.
Sanguiniker sind sprachgewandt,
oft liebenswürdig und charmant.
Sie sind zumeist frei von Allüren
und können Menschen darum führen.
Sie wollen auch die Welt gestalten,
indem sie sich in ihr entfalten,
und ihr Ertrag ist immerhin
für andre Menschen ein Gewinn.

Dichtung braucht ein Mensch im Leben,
kann ihm reich Erkenntnis geben,
bringt ihm so seit Alters her
Weisheit näher und viel mehr.
Doch es gilt für Buch und Bände:
Jedes ist einmal zu

Ende!

Angaben zum Autor

Ulrich Kulicke, geboren 1949 in Hamburg, fing in seiner Jugendzeit an, Gedichte zu schreiben. Inspiriert durch Wilhelm Busch, aber auch durch seinen Vater, der für ihn in der Kunst des Verse-schmiedens ein Vorbild war, fand er früh daran Gefallen, seine Gedichte humoristisch zu gestalten.

Dazu gehörte aus seiner Sicht verpflichtend, ein Metrum und Reimschema auszuwählen, fest einzuhalten und darauf zu achten, dass die Verse trotz solcher formalen Vorgaben geschmeidig klingen.

Thematisch hat sich der studierte Pädagoge und pensionierte (Deutsch)-Lehrer schon immer mit den Eigenheiten des Menschen beschäftigt. Ein solches Interesse entstand alleine schon berufsbedingt. Besonders in seinen späteren Jahren hat er die menschliche Spezies genauer unter die Lupe genommen und in weit über hundert Gedichten zum Ausdruck gebracht. Die vielfältigen Facetten des Menschen haben ihm immer wieder reichlich Stoff für Gedichte gegeben, die er unter dem Motto veröffentlichte:

Bemerkenswert apart der Mensch in seiner Art.

Der Wunsch, seine Gedichte ergänzend zu illustrieren, war inspiriert durch sein dichterisches Vorbild Wilhelm Busch. Per Zufall entstanden anfangs kongeniale Zeichnungen, gefertigt von Berufskollegen aus dem Kunstbereich. Mittlerweile sind die vielen Illustrationen seiner Gedichte Ergebnis einer Auftragsarbeit.

Seit seiner Pensionierung im Jahr 2012 haben seine dichterischen Aktivitäten zugenommen. Sie sind für ihn Ausdruck von Nachdenk-lichkeit, Lebensreflexion und Selbstwirksamkeit. Auf der Suche nach neuen Inhalten, die für die Form des Gedichts geeignet sind, entdeckte Ulrich Kulicke die Epen und Sagen der griechischen Mythologie. Er beschäftigte sich eingehend mit ihnen und erzählte sie in Gedichtform nach.

So entstand als erstes eine neue dichterische Fassung von der Abenteuerreise des Helden Odysseus. Des Weiteren interessierten ihn die Schicksale der von Mythen umrankten Gestalten aus antiker Zeit. Auch diese schilderte er anschaulich mit seiner dichterischen Sprache: so den König Ödipus, dessen Tragik erstmals von Sophokles im

Schauspiel verewigt wurde, so den König Sisyphus, bekannt durch die Metapher der Sisyphusarbeit, und schließlich den Titan Prometheus, den Protagonisten für den Fortschritt der menschlichen Zivilisation. Auch diese Werke sind im Buchformat veröffentlicht.

In jüngster Zeit nahm sich Ulrich Kulicke ausgewählte Märchen vor. Dabei ging es ihm nicht nur darum, den durch die Gebrüder Grimm bekannten Inhalt in Gedichtform wiederzugeben, sondern den (tiefen)psychologischen Gehalt zu entdecken und eine parallele Erzählung mit Bezug zur heutigen Zeit zu ergänzen. So entstanden neue Texte über Hans im Glück, Rotkäppchen, die Bremer Stadtmusikanten und Hänsel und Gretel.

Die Gedichte dieses Buches sind im Laufe der letzten zehn Jahre nach und nach entstanden. Die Sammlung verschiedener menschlicher Typen wurde vor zwei Jahren unter dem Titel „Menschliche Typen – typisch Menschliches" veröffentlicht. Die jetzige Form dieses Buches ist erweitert, indem die Typen nach übergeordneten Gesichtspunkten neu geordnet und mit einem geeigneten Gedicht eingeleitet werden. Diese Erweiterung ist nicht zuletzt der Tatsache geschuldet, dass die Corona Pandemie neue kreative Kräfte zur Gestaltung des Alltags freisetzt und Raum für Kultur in den eigenen vier Wänden eröffnet.